JOGOS DE ESPAÇO

Dados Internacionais de Catalogação na Publicação (CIP)
(Câmara Brasileira do Livro, SP, Brasil)

Ros, Jordina
  Jogos de espaço : atividades para a Educação Infantil / Jordina Ros ; [ilustrações] Sonia Alins. – Petrópolis, RJ : Vozes, 2018.

  ISBN 978-85-326-5820-3

  1. Atividades criativas 2. Educação – Finalidades e objetivos 3. Educação Infantil 4. Expressão corporal 5. Jogos educativos I. Alins, Sonia. II. Título.

18-17213   CDD-371.337

Índices para catálogo sistemático:
1. Jogos e atividades : Educação Infantil   371.337
Maria Alice Ferreira – Bibliotecária – CRB-8/7964

Jordina Ros
Sonia Alins

JOGOS DE ESPAÇO

Atividades para a
Educação Infantil

EDITORA
VOZES

Petrópolis

© Parramón Paidotribo S.A.
Direitos exclusivos de edição para todo o mundo.
Publicado por Parramón Paidotribo, S.L., – Espanha

Título do original em espanhol: *Juegos de espacio*
Textos: Jordina Ros
Ilustrações: Sonia Alins
Adaptação do texto ao português brasileiro: Editora Vozes Ltda.

Direitos de publicação em língua portuguesa – Brasil:
2018, Editora Vozes Ltda.
Rua Frei Luís, 100
25689-900 Petrópolis, RJ
www.vozes.com.br
Brasil

Todos os direitos reservados. Nenhuma parte desta obra poderá ser reproduzida ou transmitida por qualquer forma e/ou quaisquer meios (eletrônico ou mecânico, incluindo fotocópia e gravação) ou arquivada em qualquer sistema ou banco de dados sem permissão escrita da editora.

CONSELHO EDITORIAL

Diretor
Gilberto Gonçalves Garcia

Editores
Aline dos Santos Carneiro
Edrian Josué Pasini
Marilac Loraine Oleniki
Welder Lancieri Marchini

Conselheiros
Francisco Morás
Ludovico Garmus
Teobaldo Heidemann
Volney J. Berkenbrock

Secretário executivo
João Batista Kreuch

Editoração: Elaine Mayworm
Diagramação: Victor Mauricio Bello
Revisão gráfica: Nilton Braz da Rocha
Capa: Baseada no projeto gráfico da capa original espanhola da Marina Editores
Arte-finalização: Estúdio 483

ISBN 978-85-326-5820-3 (Brasil)
ISBN 972-84342-2367-7 (Espanha)

Editado conforme o novo acordo ortográfico.

Este livro foi composto e impresso pela Editora Vozes Ltda.

Sumário

Introdução, 7

JOGOS DE RECONHECIMENTO DO ESPAÇO, 9

O detetive, 10

Animais selvagens, 11

Que desordem!, 12

A minhoca quilométrica, 13

O pequeno quadrado, 14

Chega o outono, 15

Mistura de cores, 16

Reunião de gatos, 17

A colina movediça, 17

Caixa de balões, 18

O regador, 19

Noite fugaz, 20

Um grito fenomenal, 21

Sacos saltitantes, 22

O tapete, 23

O ponto móvel, 24

Dançando!, 25

O parque, 26

A troca, 27

O tubarão, 28

Outra vez...!, 29

Meninos de papel, 30

Raízes, 31

Dispersão, 31

O céu falso, 32

O espantalho, 33

Rolinhos, 34

Guia de cego, 35

Os arquitetos, 36

O ímã, 37

Bum!, 38

O jogo dos quatro cantinhos, 39

Bolas com asas, 40

Silêncio!, 41

Pés brancos, 42

JOGOS DE NOÇÕES ESPACIAIS, 43

Dentro/fora, 44

Um fantasma!, 45

Água e areia, 46

Apanhado!, 47

Gigante minguante, 48

Saltar linhas, 49

O medidor, 50
O salto da rã, 51
A pequena voz, 51
Completo, 52
A mangueira louca, 53
O comilão, 54
O museu de cera, 55
Que grande diferença!, 56
Saltando a barreira, 57
Um forte abraço, 58
As crianças gigantes, 59
Balões saltitantes, 60
Arcos movediços, 60
Estradas perigosas, 61
Bandeirinhas atrevidas, 62
Tapete raiado, 63
Estica!, 64

Tocados!, 65
O palito, 65
Um, dois, três, 66
Ao som do pandeiro, 67
A bolsinha de areia, 68
O torpedo, 69
Bolada na lata, 69
Rastejando, 70
A contrassenha, 71
A mesa serve para tudo, 72
O centro imaginário, 73
Ar/mar/terra, 74
Roda e lança, 75
Esponja inquieta, 76
Cola inseparável, 77
Que par de siameses!, 78
Busca, busca!, 79

Sketch – O céu estrelado, 80

Quadro de idades, 82

Introdução

Jogar e aprender, descobrir e conhecer, tomar consciência do corpo são peças básicas para a formação pessoal da criança entre os 3 e os 6 anos. Os pedagogos concordam que a melhor maneira de conseguir esses objetivos é jogar. O jogo satisfaz a necessidade de expressão e de reação espontânea da criança, além de lhe permitir conhecer um sem-número de novos conceitos.

A percepção e a educação do espaço

O espaço é um meio tridimensional de limites indefinidos que contém todas as formas, materiais e ações. A representação que mostre à criança o espaço e as características espaciais ajuda a desenvolver o conhecimento do seu espaço e do espaço exterior. Isto permite uma evolução de maturidade e a interiorização dos conceitos espaciais que, ao mesmo tempo, acionam os estímulos exteriores e a representação mental, a manipulação e a expressão.

A educação do espaço responde a um processo natural que vai desde a consciência da sua própria realidade corporal até à percepção espacial mais genérica.

Jogar com o espaço

Uma boa forma de iniciar a criança no conhecimento e no domínio do espaço é com jogos, visto que este recurso pedagógico fomenta a vivência e a interiorização das experiências.

O jogo permite descobrir as características do espaço em relação, primeiro, ao próprio corpo e, mais tarde, a elementos pertencentes a um horizonte mais amplo.

Indiretamente, trabalham-se a observação e a orientação, fatores que proporcionam uma visão global do espaço. O movimento do corpo e a locomoção completam o seu conhecimento do espaço e do seu domínio e permitem que a criança adquira confiança e segurança em si mesma e no seu corpo.

Jogar com o espaço, conhecê-lo, dominá-lo e orientar-se nele são fatores que constituem a base fundamental para que a criança dos 3 aos 6 anos alcance uma conduta expressiva e comunicativa correta.

O educador e o espaço

A função do educador no jogo consiste em organizar e canalizar os objetivos, mas também observar, fixando-se nas dificuldades individuais e/ou globais das crianças participantes. Além disso, deve transmitir ilusão e motivação.

Relativamente a estes jogos de espaço, o responsável tem de ajudar a criança a descobrir o que a rodeia e a lidar com isso, bem como a conseguir um processo adequado ao seu nível de representação mental. Para que a criança consiga entender a vivência espacial e conheça bem essas noções, o educador deve saber avaliá-la nos seus movimentos e posturas corporais, na sua relação com os objetos e na sua integração no espaço. Dessa maneira, obtém-se uma perfeita metodologia para a educação motriz, individual e de grupo.

Jogos de espaço na escola

Para levar a cabo esses jogos de espaço na escola tem de se preparar uma boa moldura espacial: uma sala ampla que permita expressar-se com movimentos e que tenha um pavimento que possibilite trabalhar os exercícios (saltar, arrastar-se, correr, caminhar descalços etc.).

Entre os três e os seis anos, as crianças devem aprender a manipular e a transportar objetos de um lugar para outro, de maneira que trabalhem a direção, a localização e a orientação.

Além disso, é importante integrar os conceitos e os componentes espaciais nas diferentes áreas educativas escolares. Por exemplo, trabalhar o espaço na educação plástica permite desenvolver a manipulação, a criatividade e a iniciação da escrita (primeiros gestos gráficos ou rabiscos etc.).

Os jogos de espaço podem ser de grande apoio para que a criança progrida na diferenciação de diferentes planos espaciais: o espaço corporal, o espaço exterior e o espaço gráfico. Assim, consegue-se uma educação expressivo-corporal e criativa de grande valor para a sua formação.

Jogos de reconhecimento do espaço

Os jogos de reconhecimento do espaço pretendem ajudar a criança a descobrir o espaço e a expressar-se nele. Pode adquirir ou desenvolver a sua própria organização espacial: tomar consciência do seu corpo e do espaço que a rodeia.

Os objetivos principais desses jogos são o reconhecimento e a interpretação de itinerários propostos, a ocupação de um espaço traçado com o corpo, a observação de diferentes tipos de espaços, o domínio da orientação e a localização das diferentes partes do corpo situando-as no espaço.

1 O detetive

Número de participantes: *Formam-se grupos de oito crianças.*

Espaço: *Precisa conter três áreas diferentes onde se realizará a ação.*

Objetivos didáticos: *Descobrir como é o espaço que nos rodeia. Adquirir dimensões e domínio do espaço próximo. Desenvolver a observação e a memória.*

- Formam-se equipes de oito crianças.
- Um de cada vez, os grupos fazem o percurso pelas diferentes localizações.
- Param um breve instante em cada uma delas e observam todos os objetos que estão no espaço.
- Uma vez finalizados o percurso e a observação dos espaços, os grupos sentam-se no chão formando um semicírculo e o educador pergunta a cada um deles o que observou.

O que você viu?

Animais selvagens 2

Número de participantes: *Formam-se grupos de seis crianças.*

Material necessário: *Giz ou fita adesiva.*

Espaço: *Amplo ou dividido ao meio.*

Objetivos didáticos: *Descobrir o espaço com o movimento corporal. Trabalhar a imaginação.*

- O educador delimita o espaço ao meio, traçando uma linha com giz ou fita adesiva.
- Uma equipe se prepara para realizar o jogo.
- Três crianças do grupo fingem que são animais terrestres e se posicionam numa das metades do espaço do jogo.
- As outras três crianças fingem que são animais que voam e se posicionam na outra metade do espaço.
- Ao comando do educador, cada animal se move pela sua área.
- A um novo comando, os animais mudam de espaço e continuam a se movimentar.

Cuidado com os outros animais!

3 Que desordem!

Número de participantes: *Ilimitado.*

Material necessário: *Cadeiras, mesas, caixas de plástico, arcos, bolas etc.*

Espaço: *Amplo.*

Objetivos didáticos: *Trabalhar o domínio do espaço e as suas possibilidades. Potenciar a habilidade motriz.*

○ O educador, com a ajuda das crianças, distribui por todo o espaço os objetos de que dispõem para jogar: cadeiras, caixas, mesas, arcos e bolas, entre outros, e os participantes também se distribuem pelo local.

○ Ao comando do educador, todas as crianças se movimentam pela área do jogo, tentando não chocar com os objetos nem com os colegas.

Os olhos bem abertos!

A minhoca quilométrica

Número de participantes: *Ilimitado.*

Espaço: *Amplo.*

Objetivos didáticos: *Trabalhar o movimento no espaço, movendo-se em todas as direções.*

- As crianças deitam-se todas no chão ocupando o espaço de jogo.
- Uma delas será a cabeça da minhoca. Ela se levanta, coloca as mãos na cabeça e passeia assim por todo o recinto, afastando-se dos que estão no chão.
- Quando a cabeça da minhoca para ao lado de outra criança, esta se levanta e se posiciona atrás dela, com as mãos também na cabeça, e continuam a caminhar e a percorrer todos os cantos e esquinas.
- O grupo continua com o mesmo percurso e procedimento até ficar só um participante caído no chão. Este será a cauda. A criança se levanta e segue os outros, mas, em vez de colocar as mãos na cabeça, coloca-as nas nádegas.

O último será a cauda da minhoca!

5 O pequeno quadrado

Número de participantes: *Formam-se grupos de seis crianças (até quatro equipes).*

Material necessário: *Um pandeiro e giz ou fita adesiva.*

Espaço: *Um quadrado traçado no chão de dimensões 4m x 4m.*

Objetivos didáticos: *Ocupar o recinto escolhido e trabalhar no interior e no exterior de um espaço delimitado.*

- Assim que estiverem formados os quatro grupos de seis crianças, estes se posicionam no exterior de cada um dos lados do quadrado, em fila, uns ao lado dos outros, construindo assim um quadrado de crianças.

- O educador faz soar o pandeiro; ao ouvi-lo, cada equipe, cujos componentes estão de mãos dadas, dá um passo à frente e se posiciona no interior do quadrado.

Todos para dentro!

- O responsável continua a tocar o pandeiro e, seguindo o ritmo, as crianças avançam para o interior do quadrado.

Chega o outono   6

Número de participantes: *Formam-se pares.*

Material necessário: *Uma cesta e folhas de árvores.*

Espaço: *Dois espaços: um interior e outro exterior.*

Objetivos didáticos: *Trabalhar a diferença entre o espaço aberto e o espaço fechado.*

- Constituídos os pares no espaço interior, forma-se uma grande fila, um par atrás do outro. O primeiro leva uma cesta enorme.

- Passa-se para o espaço exterior, onde o educador espalhou previamente as folhas pelo chão. Desfazem-se os pares e as crianças recolhem as folhas e depositam-nas na cesta.

  Vamos recolher todas as folhas!

- Quando a cesta estiver cheia, voltam a formar os pares e dirigem-se para o espaço interior.

- Ao comando do educador, desfazem-se os pares, as crianças tiram as folhas da cesta e espalham-nas no chão até o cobrirem por completo.

- A um novo comando, as crianças apanham as folhas e voltam a introduzi-las na cesta. Novamente aos pares, passam para o espaço exterior e devolvem as folhas ao lugar de origem.

7 Mistura de cores

Número de participantes: *Ilimitado.*

Material necessário: *Cartões vermelhos, verdes, amarelos e brancos.*

Espaço: *Amplo.*

Objetivos didáticos: *Descobrir o espaço que nos rodeia, integrando elementos.*

- Todas as crianças formam um semicírculo, sentadas no chão, num extremo do espaço de jogo.
- O educador reparte os cartões entre os participantes e lhes dá as indicações da atividade.

Ouçamos bem!

- As crianças que têm os cartões amarelos devem colocá-los no chão, no centro do local onde se vai jogar.
- As que tiverem os cartões vermelhos têm de espalhá-los pelos cantos.
- As que tiverem os verdes distribuem-nos nos cantos e no centro do recinto.
- E quem tiver os brancos preenche todos os espaços que tenham ficado livres.

Reunião de gatos — 8

Número de participantes: *Ilimitado.*

Espaço: *Amplo.*

Objetivos didáticos: *Trabalhar o movimento corporal para dominar o espaço próximo.*

- Todas as crianças se colocam de gatinho num extremo do espaço de jogo à espera da ordem do educador.
- Ao sinal combinado, os participantes começam a engatinhar, tentando descobrir e explorar, cheirando todo o espaço.

Nenhum canto sem ser cheirado!

- À indicação do responsável, as crianças ficam quietas e, em voz alta, muito forte, miam três vezes.
- Continuam a engatinhar por todos os cantos da área e, a um novo comando, fingem que lambem o companheiro que está mais perto.
- Voltam a engatinhar e, lentamente, deitam-se no chão parecendo gatinhos dormindo. Têm de procurar ocupar todo o espaço do jogo.

A colina movediça — 9

Número de participantes: *Ilimitado.*

Material necessário: *Casacos escolares.*

Espaço: *Amplo.*

Objetivos didáticos: *Trabalhar o espaço ocupado com os elementos.*

- Todas as crianças têm de tirar os casacos, correr para o centro do espaço e juntá-los no chão fazendo um montinho.

Todos juntos!

- Em seguida, de mãos dadas, formam um círculo ao redor do monte de casacos, e começam a andar à sua volta.
- Ao comando do educador, desfaz-se o círculo. Cada criança procura o seu casaco e estende-o no chão; têm de conseguir ocupar totalmente o espaço do jogo.
- A atividade acaba quando cada um recuperar e vestir o seu casaco.

Caixa de balões

Número de participantes: *Ilimitado.*

Material necessário: *Uma caixa de papelão grande, balões vazios e música.*

Espaço: *Amplo.*

Objetivos didáticos: *Trabalhar o domínio do espaço numa área ilimitada e a manipulação de objetos.*

- O educador coloca a caixa de papelão cheia de balões no centro do espaço do jogo.

- As crianças estão sentadas num extremo do espaço e, ao comando do responsável, levantam-se, dirigem-se à caixa e escolhem um balão.

Vamos escolher o balão de que mais gostamos!

- Voltam a sentar-se nos seus lugares e enchem o balão.

- À indicação do educador, levantam-se e tentam colocá-lo dentro da caixa.

Voltemos a guardar os balões na caixa!

- Ao som da música, as crianças dançam em volta dos balões.

- Ao sinal combinado, cada participante torna a agarrar o balão e, ao ritmo da música, move-se por todo o espaço, agitando o balão.

O regador

Número de participantes: *Formam-se grupos de seis crianças.*

Material necessário: *Seis regadores, água e giz.*

Espaço: *Dois espaços, um interior e outro exterior.*

Objetivos didáticos: *Desenvolver o movimento no espaço com dois elementos, criar direções e observar.*

- As crianças de um grupo, cada uma com o seu regador, marcam linhas de água no chão do espaço exterior.

    Vamos regar um pouco o chão!

- Prepara-se a equipe seguinte e faz-se a mesma operação. E assim por diante, até terem participado metade dos grupos.

- Todas as crianças se reúnem no espaço interior e as que ainda não jogaram água passam para o espaço exterior e reproduzem com giz as linhas que os outros participantes marcaram com água.

12   Noite fugaz

Número de participantes: *Ilimitado.*

Material necessário: *Tecidos ou papel para tapar janelas e claraboias.*

Espaço: *Amplo.*

Objetivos didáticos: *Viver sensações especiais, como a "claridade" e a "escuridão".*

- As crianças participantes sentam-se no chão, formando um semicírculo num extremo do espaço de jogo.
- O educador tapa as janelas com tecidos ou papel para que o recinto fique escuro.
- O responsável acende a luz e distribui uma lanterna a cada criança e, em seguida, apaga a luz.
- Todos acendem as suas lanternas e levantam-se do chão.

Lanternas acesas!

- Ao comando do educador, caminham pela área de jogo, abrindo caminho com a luz da lanterna e tentando não se chocar com as outras crianças.
- Quando o responsável indicar, sentam-se outra vez no chão e apagam a lanterna. Em silêncio, observam a escuridão.

Lanternas apagadas!

- Acaba o jogo quando o educador acende, outra vez, a luz do espaço onde se realiza a atividade.

Um grito fenomenal

13

Número de participantes: *Ilimitado.*

Material necessário: *Giz ou fita adesiva.*

Espaço: *Amplo.*

Objetivos didáticos: *Viver sensações espaciais, como encher o espaço com a voz.*

- As crianças sentam-se no chão, num extremo do espaço de jogo.
- O educador traça um círculo no centro.
- Um participante se levanta e se posiciona no meio do círculo dando um grito. Assim, todos, um após outro, vão se colocando dentro do círculo e dão um grito.
- Quando todas as crianças estiverem dentro do círculo, agarram-se umas às outras, formando uma grande massa, e lançam um enorme grito coletivo.

Vamos gritar o mais alto que pudermos!

21

14. Sacos saltitantes

Número de participantes: *Ilimitado.*

Material necessário: *Sacos de lixo ou bolsas grandes.*

Espaço: *Amplo.*

Objetivos didáticos: *Trabalhar as relações existentes entre o corpo e os objetos com o espaço.*

- O educador entrega um saco a cada participante.
- Ao sinal do responsável, as crianças se posicionam dentro do saco até a altura das axilas. Agarrando-o com as mãos, saltam para o campo de jogo.
- A um novo comando, param e escondem-se dentro dos sacos, exceto uma das crianças.

Rápido, que não nos vejam!

- A criança que não se escondeu salta entre os sacos tentando passar ao lado de todos os outros.
- Acaba o jogo quando todos realizarem a mesma ação.

O tapete

Número de participantes: *Ilimitado.*

Espaço: *Amplo.*

Objetivos didáticos: *Trabalhar a ocupação do espaço por corpos vivos e inanimados.*

- As crianças estão sentadas num extremo do terreno de jogo.
- Quando o educador determina, levantam-se correndo e ocupam com os seus corpos uma parte do espaço. Permanecem caídos no chão com os braços em cruz e as pernas afastadas.
- Uma criança se levanta e vai caminhando pela área ocupada sem pisar em nenhum colega.

Sem pisar em ninguém!

- Quando acabar de percorrer todo o espaço de jogo, volta a cair no seu local.
- O jogo acaba quando todos os participantes percorrerem o espaço ocupado.

16. O ponto móvel

Número de participantes: *Ilimitado.*

Material necessário: *Quadro e giz.*

Espaço: *Amplo.*

Objetivos didáticos: *Trabalhar a exploração do espaço por meio da ordenação e da orientação.*

- O educador desenha a forma do espaço de jogo no quadro.
- Uma criança dirige-se ao quadro e, com o giz, desenha um ponto dentro da reprodução da área escolhida para jogar.
- Em seguida, tenta colocar-se, no espaço físico, no ponto que corresponde ao lugar assinalado no quadro.
- Logo depois, outra criança desenha um segundo ponto e também se coloca no lugar que lhe corresponde.
- O jogo acaba quando todas as crianças desenharem o seu ponto e ocuparem o local que lhes corresponde no espaço de jogo.

Vamos ocupar todo o espaço!

Dançando!

Número de participantes: *Ilimitado.*

Material necessário: *Giz e música.*

Espaço: *Amplo.*

Objetivos didáticos: *Diferenciar os espaços e trabalhar a sua ocupação a partir do movimento corporal.*

- O educador traça com giz um círculo de tamanho médio no centro do espaço de jogo.

- Toca a música e as crianças dançam espalhadas pelo espaço, respeitando o círculo central.

Cuidado com o círculo! Não pode entrar nele!

- A música para e as crianças ficam quietas onde estão.

- Quando soa outra vez a música, voltam a dançar, mas agora todas dentro do círculo desenhado. A última a entrar é eliminada.

- Repete-se a ação até restar apenas uma criança dançando dentro do círculo.

18. O parque

Número de participantes: *Formam-se grupos de seis crianças.*

Material necessário: *Três cadeiras, uma bola, um jornal e um livro.*

Espaço: *Amplo.*

Objetivos didáticos: *Trabalhar a ocupação e a situação espacial, a criatividade e a imaginação.*

- O espaço de jogo converte-se num parque que cada grupo arranjará à sua maneira. Esse parque terá uma fonte, um candeeiro, um banco e umas crianças jogando a bola.
- A fonte será um participante de joelhos com as mãos juntas à frente do peito, fazendo concha como se contivessem água.
- O candeeiro será outra criança de pé com os braços levantados em círculo e contornando a cabeça.
- O banco será formado por três cadeiras colocadas umas ao lado das outras, onde duas crianças se sentam a ler o jornal e o livro.
- Os dois elementos restantes podem jogar bola pelo espaço livre.
- Uma equipe depois da outra cria o seu parque; os outros observam o desenho de cada grupo e tentam fazer outros parques diferentes.

Todos os parques devem ser diferentes!

A troca ⓵⓽

Número de participantes: *Formam-se grupos de seis crianças.*

Material necessário: *Giz ou fita adesiva e um pandeiro.*

Espaço: *Amplo.*

Objetivos didáticos: *Trabalhar a estrutura espacial e o movimento do corpo.*

- O educador traça uma linha que divide em duas partes iguais o espaço de jogo.
- Participam dois grupos e cada um se posiciona numa das partes.
- Cada equipe passeia no seu território e quando o educador dá um toque no pandeiro, as crianças, correndo, mudam de área.

Rápido, para o outro lado!

- Continuam a passear pelo novo espaço e, ao segundo toque do pandeiro, voltam ao seu lugar original, mas saltando em um pé só.

Agora em um pé só!

- As crianças passeiam outra vez e, ao terceiro toque do pandeiro, arrastam-se pelo chão para voltar a mudar de espaço.

20. O tubarão

Número de participantes: *Ilimitado.*

Material necessário: *Boias circulares.*

Espaço: *Amplo e/ou aberto.*

Objetivos didáticos: *Trabalhar o domínio do espaço ocupado e a imaginação.*

- Cada participante do jogo enche a sua boia.
- Uma vez cheia, põe-na à cintura e passeia por todo o espaço de jogo.
- Ao comando do educador, todos tiram as boias e deixam-nas no chão. Continuam a passear sem pisar nas boias.

   Sem tocar nas boias!

- Uma das crianças finge que é um tubarão. Com as mãos diante da boca, abrindo e fechando as palmas como se fosse morder, persegue as outras.
- Quando o educador dá a ordem, as crianças sentam-se em cima da boia e a que se faz de tubarão deve apanhar uma delas.

   Não se deixe apanhar!

- A criança que foi apanhada torna-se o novo tubarão. A anterior agarra sua boia e senta-se num dos extremos do espaço.

   Agora você é o tubarão!

- O jogo continua repetindo as mesmas ações e acaba quando o tubarão captura a última criança.

Outra vez...! 21

Número de participantes: *Ilimitado.*

Material necessário: *Cadeiras.*

Espaço: *Amplo.*

Objetivos didáticos: *Viver sensações espaciais, como "cheio" e "vazio", "dentro" e "fora".*

- As crianças, em fila, passeiam pelo espaço de jogo seguindo o educador.

- Saem todas desse espaço e, a partir da porta, observam o espaço que ficou vazio.

- Voltam a entrar em silêncio e percorrem livremente toda a área caminhando, saltando, de gatinho e, finalmente, arrastando-se.

- À indicação do educador, têm de sair do campo de atividade e voltar a entrar, levando cada criança uma cadeira; espalham-nas por toda a área e saem de novo.

  Todos para fora!

- À outra indicação, voltam a entrar e, lentamente, passeiam entre as cadeiras.

  Todos para dentro!

- O jogo acaba quando o responsável der ordem para levar as cadeiras para fora e deixar de novo o espaço vazio.

Meninos de papel

Número de participantes: *Ilimitado.*

Material necessário: *Papel de embrulho de 150cm de largura, no máximo, e lápis de cor.*

Espaço: *Amplo.*

Objetivos didáticos: *Trabalhar a estrutura espacial, a superfície e a ocupação, a observação e os gestos de mãos. Desenvolver a observação e a memória.*

- Em primeiro lugar, tem-se de colar nas paredes da área de jogo tiras de papel de embrulho, de forma a que estas fiquem completamente tapadas.

- Ao comando do educador, as crianças, que estão sentadas em círculo no centro do espaço, dirigem-se para as paredes e apoiam as costas no papel.

    Todos quietos!

- Sem que as crianças se movam, o responsável marca as suas silhuetas no papel. Quando todas as crianças estiverem desenhadas, voltam a sentar-se e observam as silhuetas dos seus corpos, agora na parede.

- Cada criança, com os lápis de cor, pinta um rosto e uma roupa na sua silhueta.

    Que crianças de papel mais bonitas!

Raízes 23

Número de participantes: *Ilimitado.*

Espaço: *Amplo.*

Objetivos didáticos: *Desenvolver a estrutura espacial e a sua ocupação, e trabalhar a imaginação.*

- Três crianças dirigem-se ao centro do espaço de jogo e, abraçadas umas às outras formando um círculo, fingem ser um tronco de árvore.

  O tronco deve permanecer muito quieto!

- Outros três participantes ficam deitados no chão de barriga para baixo, com a cabeça tocando a base da árvore e em diferentes direções, porque são as raízes.

- Lentamente, outras seis crianças agarram, também deitadas, os pés das três primeiras raízes. E os outros, os pés destes seis, e assim sucessivamente.

- Formam-se dessa maneira filas de crianças caídas: são as raízes da árvore que vão crescendo.

Dispersão 24

Número de participantes: *Ilimitado.*

Espaço: *Amplo.*

Objetivos didáticos: *Desenvolver a estrutura espacial e a sua ocupação, e trabalhar a imaginação.*

- Os participantes caminham pelo espaço seguindo as ordens do educador.

- Formam-se grupos de crianças abraçadas umas às outras, conforme o número que o responsável indicar. No jogo, esses grupos denominam-se "sacos".

  Sacos de duas crianças…, sacos de seis crianças…, sacos de três crianças…!

- Uma vez formados, os sacos se dispersam pela área da atividade.

- Depois, têm de se agrupar no centro. Em seguida, de um lado, e mais tarde, num canto.

- Para finalizar, dispersam-se livremente por todo o espaço.

31

25   O céu falso

Número de participantes: *Ilimitado.*

Material necessário: *Giz colorido.*

Espaço: *Um espaço interior e outro exterior.*

Objetivos didáticos: *Diferenciar os conceitos espaciais de "aberto" e "fechado". Exercitar a observação.*

- Todas as crianças participantes no jogo saem para o espaço exterior.
- Deitadas no chão, observam o céu e as nuvens, como se movem, as suas formas, os seus volumes, as suas cores.

    Olhemos bem o céu!

- Depois, passam para a área interior e, deitadas também no chão, observam o teto.

    Agora observem o teto!

- Em seguida, o educador distribui os gizes de cores e cada criança tenta desenhar no chão uma das nuvens que viu antes no céu.
- O jogo acaba com a observação, de um extremo da área interior, de como as nuvens desenhadas ocuparam o chão desse espaço.

O espantalho

Número de participantes: *Ilimitado.*

Espaço: *Amplo.*

Objetivos didáticos: *Trabalhar a organização espacial, o movimento e a velocidade.*

- As crianças participantes se distribuem pelo espaço de jogo.
- A atividade começa quando uma das crianças tenta apanhar a outra.
- Se o conseguir, a criança apanhada fica parada com os braços em cruz e as pernas afastadas.
- Cada vez que se apanha um jogador, o apanhado deve dizer em voz muito alta: "Sou um espantalho!"
- Então, o espantalho fica estático.
- A atividade finaliza quando todos, exceto um, estiverem parados com os braços em cruz e espalhados pela área de jogo.

Apanhe o espantalho!

Rolinhos

Número de participantes: *Ilimitado.*

Espaço: *Amplo.*

Objetivos didáticos: *Viver o espaço por meio do movimento.*

- Todas as crianças participantes estão sentadas num extremo do espaço de jogo esperando as indicações do educador.
- Este dá a ordem para se levantarem e se moverem livremente pela área.
- Em seguida, indica-lhes que acelerem o passo e que corram.
- Ao grito de "Stop!", elas têm de parar, cair no chão e, rodando com o corpo, mover-se por todo o espaço, tentando não se chocar com nenhum companheiro.

Rodar como rolinhos!

Guia de cego

Número de participantes: *Formam-se pares.*

Material necessário: *Uma caixa de papelão, uma bola pequena, quatro cadeiras e um lenço para vendar os olhos.*

Espaço: *Amplo.*

Objetivos didáticos: *Trabalhar a organização espacial com objetos e o movimento, com limitações.*

○ Uma das crianças senta-se no chão, de olhos tapados, e lhe é entregue a bola.

○ O seu par coloca quatro cadeiras em fila, deixando algum espaço entre elas. No fim da fila de cadeiras, coloca a caixa de papelão aberta.

○ A criança que tem os olhos vendados finge ser um cego e a outra é o seu guia.

○ À indicação do educador, o guia, a certa distância e por meio de palavras, conduz o cego que se levantou e que deve andar até chegar à frente da caixa de papelão, contornando as cadeiras.

Não se choque com nenhuma cadeira!

○ Acaba o jogo quando o guia consegue que a criança com os olhos vendados chegue à caixa de papelão e lance a bola para dentro.

29. Os arquitetos

Número de participantes: *Ilimitado.*

Espaço: *Amplo.*

Objetivos didáticos: *Descobrir a superfície espacial por meio do tato e da observação.*

- O educador e os participantes passeiam pelo espaço observando como é e de que materiais é construído.

Atenção a todos os pormenores!

- Em primeiro lugar, todos tocam o chão.
- Em seguida, dirigem-se para as paredes e suavemente passam a palma da mão por elas para perceberem a sua construção.
- Depois, observam as portas de madeira, as janelas e as suas vidraças...
- Uma vez feita a observação sentam-se no chão, formando um semicírculo, para responder às perguntas do educador.
- Depois de tudo observado, o responsável pergunta às crianças de que material pensam ser construído um determinado elemento e qual é a sensação que experimentaram ao tocá-lo.
- O jogo acaba quando todos se levantarem novamente e passearem livremente pelo espaço para voltar a tocar nas diferentes superfícies.

O ímã

Número de participantes: *Ilimitado.*

Material necessário: *Arcos, cadeiras, colchões... e música.*

Espaço: *Amplo.*

Objetivos didáticos: *Explorar o espaço a partir da locomoção e da velocidade, com limitações.*

- Espalham-se todos os objetos pelo espaço de jogo.
- Forma-se uma grande fila com as crianças umas atrás das outras, com as mãos sobre os ombros da que vai à frente.
- Ao som da música, a grande fila move-se pelo lugar, evitando os objetos ou passando por cima deles.
- Se alguma criança se solta, é eliminada e deve sentar-se num extremo da área.

João, você se soltou! Está eliminado!

31 Bum!

Número de participantes: *Ilimitado.*

Material necessário: *Balões cheios.*

Espaço: *Amplo.*

Objetivos didáticos: *Trabalhar o movimento corporal integrado no espaço e a imaginação.*

- O educador entrega um balão cheio a cada participante.

- As crianças devem jogar com o balão por toda a área, correndo, chutando-o etc.

- Ao comando do educador, põem o balão no chão e sentam-se com toda a força em cima dele até conseguirem que arrebente.

    Arrebentem todos os balões!

- Em seguida, sem o balão, devem percorrer o espaço fingindo que brincam com ele; mas, dessa vez, é um balão imaginário.

O jogo dos quatro cantinhos

Número de participantes: *Formam-se grupos de quatro crianças.*

Espaço: *Amplo.*

Objetivos didáticos: *Trabalhar a estrutura espacial, a orientação, a direção e a locomoção.*

- As crianças devem observar e percorrer com o educador os quatro cantos do espaço de jogo.
- Formam-se grupos de quatro crianças e cada uma se posiciona num canto.
- As restantes sentam-se no chão, num extremo do lugar onde se desenvolve a atividade, sem ocupar nenhum canto.
- O responsável, junto dos participantes que estão sentados, dá sinal em voz alta para começar o jogo.

Ao ataque!

- As crianças de cada grupo, que estão nos cantos, correm para o lado oposto, evitando chocar-se com as outras.
- O jogo acaba quando todos passaram pelos quatro cantos.

33 Bolas com asas

Número de participantes: *Ilimitado.*

Material necessário: *Uma bola.*

Espaço: *Amplo e/ou aberto.*

Objetivos didáticos: *Conseguir o domínio do espaço e da habilidade por meio de objetos.*

- Todas as crianças se espalham pela área de jogo.
- O educador tem uma bola e lança-a ao ar.
- No mesmo instante em que uma das crianças recolhe a bola, as outras ficam imóveis.

Todos parados!

- A criança com a bola tem de percorrer o espaço todo sempre com ela nas mãos e evitando os colegas que estão parados.
- Em seguida, dá a bola ao responsável, e este volta a lançá-la ao ar; e assim sucessivamente, até que todas as crianças tenham feito o percurso.

Silêncio!

Número de participantes: *Ilimitado.*

Espaço: *Amplo.*

Objetivos didáticos: *Viver sensações espaciais em lugares com ruído e silenciosos.*

- A área de jogo está ocupada por todas as crianças, que se encontram deitadas no chão.
- Ao grito de "Silêncio!", levantam-se lentamente e percorrem o espaço sem fazer nenhum ruído, caminhando nas pontas dos pés e movendo todo o corpo.

Silêncio!

- Ao contrário, quando ouvem "Barulho!", mudam de atitude e começam a falar, a cantar, a gritar e a correr rapidamente por toda a área, com movimentos bruscos.

Barulho!

- Para finalizar, o educador divide as crianças participantes em duas equipes: um grupo senta-se num extremo da sala, enquanto observa como o outro realiza o mesmo jogo.

35 Pés brancos

Número de participantes: *Ilimitado.*

Material necessário: *Fita adesiva e farinha.*

Espaço: *Amplo.*

Objetivos didáticos: *Trabalhar a dispersão numa superfície limitada. Criar direções e manipular materiais.*

- O educador traça um grande círculo na área de jogo.
- Dentro do círculo, espalha farinha por toda a superfície.
- As crianças, que estão sentadas num extremo do espaço, ao comando do responsável tiram os sapatos e as meias.
- Uma a uma entram no círculo cheio de farinha e, arrastando os pés, vão fazendo caminhos em todas as direções, tentando não sair do círculo.

Sempre pelo interior do círculo!

- O jogo acaba quando saírem do círculo e observarem os caminhos que fizeram com a farinha.

Jogos de noções espaciais

Os jogos de noções espaciais pretendem conseguir que a criança, com o seu próprio corpo, perceba e distinga diferentes direções e posições estáticas e dinâmicas, relativamente ao domínio de um espaço já conhecido.

É importante trabalhar a orientação e a localização dos elementos e dos objetos próximos para descobrir a sua situação e o seu tamanho e alterá-los (acima/abaixo, dentro/fora, grande/pequeno etc.).

Assim, o esquema corporal da criança vai se consolidando pouco a pouco.

36. Dentro/fora

Número de participantes: *Formam-se grupos de seis crianças.*

Material necessário: *Seis caixas de papelão de diferentes tamanhos.*

Espaço: *Amplo.*

Objetivos didáticos: *Adquirir dimensões do espaço em relação ao seu próprio corpo. Manipular objetos que favorecem a descoberta de diferentes posições e direções.*

- O educador reparte as caixas pelo espaço de jogo.
- Formam-se grupos de seis participantes.
- A primeira equipe levanta-se e cada um dos integrantes se posiciona ao lado de uma caixa.

Só uma caixa por criança!

- Ao comando do educador, executam-se as seguintes ações: colocar-se dentro da caixa, sair dela e deslocá-la pelo espaço.
- O jogo chega ao fim quando todos os grupos tiverem realizado a mesma ação.

44

Um fantasma!

Número de participantes: *Ilimitado.*

Material necessário: *Um tecido grande e música.*

Espaço: *Amplo.*

Objetivos didáticos: *Manipulação de objetos que favorecem a descoberta de diferentes posições e direções e dos conceitos "dentro" e "fora".*

- O educador estende o tecido no centro do terreno de jogo.
- Os participantes estão sentados num extremo.
- Levantam-se e rodeiam o tecido.
- Ao comando do educador, pegam nele e levantam-no a 1/2m do solo.

  Sem largar o tecido!

- Enquanto a música toca, as crianças se movem com o tecido por todo lado.
- Quando a música para, escondem-se rapidamente debaixo do tecido, agachados.
- Quando a música volta a tocar, caminham com o tecido por cima da cabeça.

38. Água e areia

Número de participantes: *Ilimitado.*

Material necessário: *Três baldes: um cheio de areia e os outros dois de água.*

Espaço: *Exterior.*

Objetivos didáticos: *Desenvolver a organização espacial a partir da manipulação de materiais.*

- Sentadas num extremo do espaço, todas as crianças tiram os sapatos e as meias e, uma vez descalças, esperam as indicações do educador.

- Ao comando do responsável, uma a uma, colocam primeiro os pés no balde de água e, em seguida, no balde de areia.

A areia bem colada aos pés!

- Repete-se a ação de colocar os pés no balde de água, agora, em segundo lugar, para tirar a areia colada.

- O jogo acaba quando as crianças se sentam novamente no chão com os pés limpos, sem areia.

- Este tem um balde de areia e outro de água.

- As crianças se levantam e formam uma fila, umas atrás das outras.

46

Apanhado!

Número de participantes: *Formam-se grupos de três crianças.*

Material necessário: *Música.*

Espaço: *Amplo.*

Objetivos didáticos: *Trabalhar os conceitos espaciais de "dentro" e "fora", a partir da sua própria experiência corporal.*

- Os grupos de três crianças se dispersam pelo espaço de jogo e, com as mãos dadas, formam pequenos círculos.
- Enquanto a música toca, as equipes dançam.

Dancemos ao ritmo da música!

- À indicação do educador, uma criança de cada grupo se posiciona no centro do círculo.
- As outras duas continuam com as mãos dadas e a dançar, enquanto a criança do centro também dança tentando não se chocar com os seus companheiros.
- O jogo chega ao fim quando todos os elementos dos grupos tiverem passado pelo círculo.

Gigante minguante

Número de participantes: *Ilimitado.*

Espaço: *Amplo.*

Objetivos didáticos: *Desenvolver as noções espaciais de "aberto" e "fechado", a partir da própria experiência corporal.*

- Os participantes caminham espalhados pelo espaço de jogo, evitando tocar uns nos outros.

- Ao comando do educador, param e esticam todas as partes do corpo.

- A posição deve ser de pernas abertas, braços abertos e palmas das mãos, boca e olhos bem abertos.

    Tudo bem aberto!

- Continuam a caminhar nessa posição por toda a área evitando também os outros.

- À ordem seguinte do responsável, encolhem todas as partes do corpo.

- Colam os braços ao corpo com os punhos bem apertados, juntam as pernas, dobram o tronco e mantêm a boca e os olhos fechados.

- Caminham nessa posição com muito cuidado para não se chocarem com os outros participantes.

- O educador repetirá as indicações, mas cada vez mais depressa.

    Abrir, fechar!... Abrir, fechar!

Saltar linhas

Número de participantes: *Ilimitado.*

Material necessário: *Fitas de 150cm de comprimento e música.*

Espaço: *Amplo.*

Objetivos didáticos: *Trabalhar o manuseamento de materiais que favorecem a descoberta de diferentes posições e direções.*

- Os participantes encontram-se espalhados pelo espaço de jogo.
- Todos têm nas mãos uma fita e, quando a música toca, dançam e a movimentam.
- Quando a música para, cada criança deixa a sua fita no chão e faz um círculo com ela.
- Quando a música toca novamente, voltam a dançar, tentando não pisar os círculos.
- Quando a música acaba, desfazem o círculo e colocam a fita em linha reta.

Nunca podem pisar na fita!

- Ao som da música, saltam por cima de todas as linhas retas que estão espalhadas pelo espaço de jogo.
- A criança que pisar na fita é eliminada.

42 O medidor

Número de participantes: *Ilimitado.*

Material necessário: *Giz ou fita adesiva.*

Espaço: *Amplo.*

Objetivos didáticos: *Trabalhar os conceitos espaciais de "longo" e "curto" por intermédio do salto e dos passos.*

- O educador traça no chão do espaço de jogo dois percursos: um em linha reta e outro em curvas.

- As crianças formam duas filas, umas atrás das outras, e cada fila posiciona-se no início de um dos percursos.

- Uma a uma, as crianças da fila do percurso em linha reta medem os passos.

- A outra fila mede o percurso em curvas pondo um pé imediatamente na frente do outro.

  Contar bem os pés!

- Uma vez medidos os dois percursos, compara-se quantos passos e quantos pés contou cada criança.

- Voltam a fazer os percursos mudando o sistema de medição. O percurso reto mede-se agora com os pés e o de curvas com passos.

O salto da rã — 43

Número de participantes: Ilimitado.

Material necessário: Giz ou fita adesiva.

Espaço: Amplo.

Objetivos didáticos: Trabalhar os conceitos espaciais de "longo" e "curto" por intermédio do salto e dos passos.

- Formam-se dois grupos iguais. Um senta-se no chão e o outro começa a jogar.
- O educador traça no chão um caminho reto e uma linha de início a partir da qual se dará o salto com os pés juntos.

Sem separar os pés!

- Uma criança da equipe que está de pé salta e fica quieta no ponto aonde chegou.
- Outra criança, das que estão sentadas, levanta-se e fica de pé ao lado do caminho, marcando o comprimento do salto do seu companheiro.
- E assim sucessivamente, até que todos os participantes do primeiro grupo tenham saltado.
- Acaba o jogo quando, trocados os papéis de ambos os grupos, todos os participantes tiverem saltado.

A pequena voz — 44

Número de participantes: Ilimitado.

Material necessário: Três bastões: um curto, outro médio e outro longo.

Espaço: Amplo.

Objetivos didáticos: A partir do manuseamento de objetos, trabalhar os conceitos espaciais de "longo" e "curto".

- Todos os participantes sentam-se em semicírculo, enquanto o educador mantém os três bastões escondidos.
- Quando este mostra o bastão curto, as crianças emitem com a sua voz um som breve.
- Se o educador mostra o bastão longo, o som emitido deve ser também longo.
- Ou seja, a intensidade do som dependerá do tamanho do bastão.

Atenção ao comprimento do bastão: é ele que manda!

- Em seguida, todas as crianças se levantam e acompanham o som com um movimento corporal.

51

45 Completo

Número de participantes: *Ilimitado.*

Material necessário: *Giz ou fita adesiva.*

Espaço: *Amplo.*

Objetivos didáticos: *Adquirir os conceitos de "cheio" e "vazio" no espaço e no domínio das suas possibilidades.*

___

- O educador traça um quadrado de 2 x 2m no chão do espaço de jogo.
- Os participantes esperam sentados num extremo do terreno.
- O responsável indica uma criança. Esta levanta-se, dirige-se ao quadrado vazio e senta-se no chão.
- E assim sucessivamente, até que todas as crianças tenham-se sentado no quadrado e este tenha ficado cheio.

Que não fique nenhum espaço vazio!

- O jogo acaba quando se esvazia o quadrado da mesma forma utilizada para enchê-lo, e quando todas as crianças voltem a estar sentadas no extremo da área de jogo.

A mangueira louca

Número de participantes: *Ilimitado.*

Material necessário: *Copos de plástico, mangueira, balde de água e roupas de banho.*

Espaço: *Exterior e amplo.*

Objetivos didáticos: *A partir do manuseamento da água, trabalhar os conceitos espaciais de "cheio" e "vazio".*

- Todas as crianças se encontram dispersas pelo espaço de jogo.
- O educador entrega um copo de plástico a cada uma.
- Num extremo do recinto está preparada uma mangueira para regar.
- O responsável dirige-se à mangueira, abre a água e molha as crianças.
- Estas tentam encher com água o copo que têm na mão.

O copo deve estar totalmente cheio antes de ser esvaziado!

- A criança que o consegue deve esvaziá-lo no balde que está atrás do educador.
- O jogo acaba quando o balde estiver cheio de água.

47 O comilão

Número de participantes: *Ilimitado.*

Material necessário: *Uma caixa grande de papelão e balões.*

Espaço: *Amplo.*

Objetivos didáticos: *A partir da transformação corporal, relacionar as dimensões do espaço com o seu próprio corpo. Desenvolver a imaginação.*

- O educador entrega um balão vazio a cada criança.

- Pouco a pouco, vão-no enchendo e, quando terminam, põem-no dentro da caixa de papelão colocada no centro do espaço de jogo.

- Cada criança pensa num prato de comida, que dirá em voz alta quando o educador pedir.

   Que prato lhe apetece?

- Em seguida, dirige-se à caixa e coloca um balão na barriga.

- Quando todas as crianças tiverem nomeado o seu prato e posto o balão na barriga, caminharão lentamente como se lhes pesasse o corpo.

- Ao comando do responsável, deixarão o balão novamente na caixa.

- O jogo acaba quando todos os balões voltarem a estar na caixa.

54

O museu de cera

48

Número de participantes: *Formam-se grupos de seis crianças.*

Material necessário: *Revistas, tesoura e uma caixa de papelão.*

Espaço: *Amplo.*

Objetivos didáticos: *A partir do domínio do movimento corporal, relacionar as dimensões do espaço com o próprio corpo. Trabalhar a observação.*

- Sentados em círculo, juntamente com o educador, os participantes escolhem e recortam das revistas imagens de pessoas em diferentes posturas.

- Uma vez recortadas, colocam-nas dentro da caixa, que se encontra no centro do espaço de jogo.

- Forma-se um grupo de seis participantes e cada um deles dirige-se à caixa e seleciona uma das imagens recortadas.

- Depois, essas seis crianças espalham-se pela área, imitam a postura da imagem escolhida e ficam estáticas.

- As restantes passam entre as que estão imóveis como se fossem visitantes de um museu que admiram esculturas.

Sem tocar nas estátuas!

- O jogo termina quando todas as crianças fingiram ser estátuas depois de escolherem as imagens.

49   Que grande diferença!

Número de participantes: *Ilimitado.*

Espaço: *Amplo.*

Objetivos didáticos: *Desenvolver e observar os conceitos espaciais de "alto" e "baixo" a partir do trabalho corporal.*

- Os participantes espalham-se pelo espaço de jogo, caminhando com os braços para cima e nas pontas dos pés.
- À indicação do educador, algumas crianças agacham-se e andam de cócoras.

       Maria, agache-se!

- A um novo comando, todos ficam imóveis: uns agachados e outros nas pontas dos pés (se o conseguirem).
- Observam-se uns aos outros para ver a diferença entre ser muito alto ou muito baixo.

Saltando a barreira

Número de participantes: *Ilimitado.*

Material necessário: *Uma corda de 150cm de comprimento.*

Espaço: *Amplo.*

Objetivos didáticos: *Favorecer, por intermédio do manuseamento de objetos, os conceitos espaciais de "alto" e "baixo". Trabalhar a habilidade e a agilidade no salto.*

- Coloca-se a corda no chão, no centro do espaço de jogo.
- Forma-se uma fila de crianças, umas atrás das outras.
- Já preparadas, vão saltando para o outro lado da corda, tentando não pisá-la.
- Dois participantes seguram a corda em cada uma das pontas e levantam-na a um palmo do chão.

A corda um pouco mais acima!

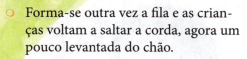

- Forma-se outra vez a fila e as crianças voltam a saltar a corda, agora um pouco levantada do chão.
- Dessa maneira, as crianças vão saltando a corda situada numa posição cada vez mais alta.
- Quem pisar ou tropeçar nela é eliminado.
- Ganha o que saltar mais alto.

51   Um forte abraço

Número de participantes: *Ilimitado.*

Espaço: *Um interior e outro exterior.*

Objetivos didáticos: *Experimentar com o próprio corpo, com os corpos alheios e com diferentes matérias os conceitos espaciais de "grosso" e "fino".*

- As crianças dispersam-se pelo espaço de jogo interior.
- À indicação do educador, cada uma abraça a si mesma e observa até onde os braços chegam em seu corpo.

   Braços esticados ao máximo!

- As crianças começam a caminhar nessa posição até nova ordem.
- Depois, abraçam o companheiro que está mais perto.
- Para acabar o jogo, formam uma fila e dirigem-se para o espaço exterior, onde tentam localizar as árvores com troncos de diferentes tamanhos.
- Primeiro, abraçam o tronco maior e, em seguida, o mais estreito e observam a diferença de espessura.

As crianças gigantes

Número de participantes: *Ilimitado.*

Material necessário: *Cadeiras.*

Espaço: *Amplo.*

Objetivos didáticos: *Por intermédio da manipulação de objetos, favorecer a compreensão das diferenças espaciais.*

- Formam-se dois grupos de igual número de crianças.
- Coloca-se uma cadeira para cada criança uma ao lado da outra.
- Ao comando do educador, as crianças de um grupo dirigem-se às cadeiras e sentam-se nelas.
- As da outra equipe sentam-se no chão, cada uma diante de um companheiro sentado na cadeira.
- A um novo comando, as crianças sentadas nas cadeiras se posicionam em pé em cima delas.

De pé na cadeira!

- O jogo continua com a troca de posições. O segundo grupo faz o que fez o primeiro, sempre seguindo os mesmos passos.

53 Balões saltitantes

Número de participantes: *Formam-se quatro grupos de crianças.*

Material necessário: *Balões vermelhos, verdes, amarelos e azuis e música.*

Espaço: *Amplo.*

Objetivos didáticos: *Dominar o espaço por intermédio da manipulação do objeto e do seu movimento.*

- Formam-se quatro grupos e o educador entrega balões da mesma cor a cada um.
- Os participantes, com o seu balão, dispersam-se pelo espaço de jogo.
- Quando o responsável põe a música, cada criança dança com o seu balão.
- Se a música para, as crianças jogam os balões para o ar e voltam a agarrá-los.

O balão não deve tocar no chão!

- A criança que deixa cair o balão é eliminada.
- Ganha o grupo cuja cor permanecer com mais jogadores.

54 Arcos movediços

Número de participantes: *Ilimitado.*

Material necessário: *Arcos.*

Espaço: *Amplo.*

Objetivos didáticos: *Trabalhar os conceitos espaciais de "à frente" e "atrás", manipulando objetos e experimentando a habilidade.*

- Num extremo do espaço de jogo, as crianças formam uma fila, umas atrás das outras.
- No restante da área encontram-se dispersos os arcos.

- Ao comando do educador, cada criança vai à procura de um arco e coloca um ao lado do outro.
- Uma vez formada a fila, cada criança se posiciona no centro do seu arco.
- O responsável indica duas ações que devem fazer no momento.

À frente do arco! Atrás do arco!

- O educador repetirá a ordem cada vez mais depressa.

Estradas perigosas

Número de participantes: *Ilimitado.*

Material necessário: *Fitas adesivas vermelha, amarela e verde e maquiagem das mesmas cores.*

Espaço: *Amplo.*

Objetivos didáticos: *Com a imaginação e o movimento corporal, trabalhar os conceitos espaciais de "largo" e "estreito". Desenvolver a organização espacial.*

- Ao longo do espaço de jogo criam-se, com fita adesiva, três caminhos de larguras diferentes.
- O primeiro é feito com fita verde e com uma largura de 20cm.
- O segundo faz-se com fita amarela e uma largura de 50cm.
- E o terceiro, de 1m de largura, com fita vermelha.
- Formam-se três grupos.
- As crianças da primeira equipe pintam o rosto com riscos verdes e, simulando conduzir uma bicicleta, vão caminhando pelo caminho verde.
- As da segunda pintam-se com riscos amarelas e fingem conduzir automóveis e trafegam pelo caminho amarelo.
- E as da terceira, pintam-se com riscos vermelhas e fingem conduzir caminhões enquanto percorrem o caminho vermelho.
- Ao comando do educador, os participantes mudam de caminho: as bicicletas passam para o dos automóveis; os automóveis, para o dos caminhões, e os caminhões, para o das bicicletas.

Que diferença entre o largo e o estreito!

56. Bandeirinhas atrevidas

Número de participantes: *Ilimitado.*

Material necessário: *Bandeirinhas vermelhas e brancas.*

Espaço: *Amplo.*

Objetivos didáticos: *Trabalhar a organização espacial a partir do movimento corporal e da locomoção.*

- As crianças participantes dividem-se em dois grupos.
- O educador entrega a uma equipe as bandeirinhas vermelhas e, à outra, as brancas.
- Uma criança com bandeirinha branca se posiciona no centro do espaço de jogo.
- Todas têm de prestar muita atenção às ordens do educador.
- Uma criança com bandeirinha vermelha deve situar-se diante da criança que leva uma branca e que está no centro.
- Outra criança também com bandeirinha vermelha se posiciona atrás da criança que está com a branca.
- Em seguida, duas crianças com bandeirinhas brancas fazem a mesma operação: uma à frente e outra atrás daquela com a vermelha.

À frente e atrás!

- E assim sucessivamente, até formar uma fila de bandeirinhas intercaladas.
- À indicação do educador, as crianças levantam a bandeira e agitam-na, caminhando pelo terreno de jogo e tentando não desfazer a fila.

62

Tapete raiado

Número de participantes: *Ilimitado.*

Material necessário: *Lápis e folhas de papel.*

Espaço: *Amplo.*

Objetivos didáticos: *Experimentar a sensação espacial, trabalhando os conceitos de "verticalidade" e "horizontalidade".*

- As crianças participantes sentam-se no chão formando um semicírculo.
- O educador explica a direção das linhas retas: as verticais e as horizontais.
- Em seguida, distribui a cada uma duas folhas de papel e um lápis.
- Numa folha, as crianças começam a traçar linhas horizontais, separadas uns 5cm entre si.

Agora horizontais!

- Na outra folha, traçam linhas verticais, com a mesma separação.

Agora verticais!

- Depois, dobram-se as folhas seguindo as linhas horizontais ou verticais traçadas.
- Para acabar, as crianças deitam-se no chão, umas na posição horizontal e outras na vertical; dessa maneira, reproduzem as folhas de papel em dimensões gigantes.

58 Estica!

Número de participantes: *Ilimitado.*

Material necessário: *Uma esponja redonda.*

Espaço: *Amplo.*

Objetivos didáticos: *Manipulação de objetos para favorecer a descoberta de diferentes posições e direções.*

- Todos os participantes formam uma grande fila, uns atrás dos outros.
- Ao comando do educador, as crianças levantam os braços e separam bem as pernas.
- O responsável entrega uma esponja ao primeiro da fila, e este passa-a à criança que está atrás, mantendo sempre os braços levantados e sem dobrar os cotovelos.
- A criança que a recebe passa-a ao colega que está atrás; e assim sucessivamente, até chegar ao último da fila.

Para trás!

- A um novo comando do educador, as crianças baixam os braços para as pernas, mas sem dobrar as costas.
- O último, que é o que tem a esponja, passa-a ao que está à frente por debaixo das pernas, e este recebe-a também com os braços esticados.

Para frente!

- O jogo acaba quando a esponja chegar à primeira criança da fila.

Tocados!

Número de participantes: *Ilimitado.*

Material necessário: *Uma bola média.*

Espaço: *Amplo.*

Objetivos didáticos: *Relacionar o corpo com o espaço próximo e trabalhar o lançamento.*

- O educador, a partir de uma distância prudente, lança a bola para as crianças a fim de tocar numa delas.
- A criança tocada deita-se imediatamente no chão e permanece lá bem esticada.

Tocado! Não pode mais se mexer no chão!

- Os participantes se posicionam uns ao lado dos outros, formando uma barreira.
- Acaba o jogo quando todos estiverem no chão.
- Pode-se começar de novo, mas dessa vez é uma criança que lança a bola.

O palito

Número de participantes: *Ilimitado.*

Espaço: *Amplo.*

Objetivos didáticos: *Experimentar no corpo a descoberta de posições e direções.*

- As crianças participantes dispersam-se pelo espaço de jogo, atentas às indicações do educador.
- Segundo a ordem, podem caminhar com os braços imóveis e colados ao corpo ou mudar de direção e andar para trás, mas com os braços quietos.
- Mais tarde, pode-se variar a ação, como, por exemplo, deitar-se no chão e arrastar-se, mas sem mover os braços, que continuam colados ao tronco.
- E, por último, podem dar a volta, ficar de barriga para baixo e arrastar-se, também com os braços imóveis e colados ao corpo.

Um, dois, três

Número de participantes: *Ilimitado.*

Espaço: *Amplo e/ou aberto.*

Objetivos didáticos: *Trabalhar o movimento no espaço a partir dos conceitos de "longe" e "perto". Desenvolver a capacidade de atenção e a habilidade.*

- Uma criança esconde o rosto numa das paredes do espaço de jogo.
- As restantes estão de pé no outro extremo da área, formando uma fila, uma ao lado da outra.
- A criança que está sozinha dá três batidas na parede com a palma da mão, enquanto diz: "Um, dois, três, aproxime-se da parede!"
- Enquanto pronuncia essas palavras, os outros avançam para a parede.
- Quando a criança acaba a frase, dá a volta, e se vê algum companheiro mover-se, manda-o para o princípio da fila.

Todo mundo quieto!

- Ganha o que chegar primeiro à parede. Quando chegar, fica de rosto escondido e o jogo recomeça.

Ao som do pandeiro

Número de participantes: *Ilimitado.*

Material necessário: *Um lenço para tapar os olhos e um pandeiro.*

Espaço: *Amplo.*

Objetivos didáticos: *Desenvolver a percepção auditiva a partir do domínio do espaço. Favorecer o trabalho em grupo.*

- Vendam-se os olhos de um voluntário, que se posiciona no centro da área de jogo.
- Os restantes ficam sentados num extremo do espaço.
- Ao comando do educador, outra criança levanta-se e começa a tocar o pandeiro.

- O que tem os olhos vendados está atento ao som do pandeiro e tenta aproximar-se dele.

João, ouça bem as batidas do pandeiro!

- Os outros companheiros guiam-no com indicações de "longe" e "perto".
- Todas as crianças devem participar tocando o pandeiro ou vendando os olhos.

63. A bolsinha de areia

Número de participantes: *Ilimitado.*

Material necessário: *Giz e uma bolsinha de tecido fechada e cheia de areia.*

Espaço: *Amplo.*

Objetivos didáticos: *Trabalhar os conceitos espaciais de "longe" e "perto" por intermédio do manuseamento de objetos. Trabalhar o lançamento e a habilidade.*

- No chão do espaço de jogo traçam-se três linhas paralelas.
- O educador entrega a bolsa de areia a uma criança.
- Esta age de acordo com as indicações do responsável.
- Assim, deve atirar a bolsa até a linha mais próxima, até a mais afastada ou tentar tocar a linha central.

    E tocar a linha sem pisar nela!

- Uma a uma, as crianças atiram a bolsa conforme lhes foi indicado pelo educador.

O torpedo 64

Número de participantes: *Formam-se grupos de quatro crianças.*

Material necessário: *Uma bola.*

Espaço: *Exterior.*

Objetivos didáticos: *Trabalhar os conceitos de "longe" e "perto" por intermédio da coordenação grupal, do lançamento e da velocidade.*

○ Os grupos se posicionam num extremo do espaço de jogo.

○ O educador, a partir do mesmo extremo, lança a bola o mais longe possível.

Deve chegar muito longe!

○ Uma criança de cada grupo sai correndo à procura da bola gritando: "Corre, torpedo!"

○ Ganha a equipe que conseguir mais bolas.

Bolada na lata 65

Número de participantes: *Formam-se grupos de três crianças.*

Material necessário: *Três latas, nove bolas pequenas, um banco e um giz.*

Espaço: *Exterior.*

Objetivos didáticos: *Trabalhar o conceito de "distância" por intermédio da manipulação de objetos e exercitar o lançamento.*

○ O educador posiciona o banco no centro do espaço de jogo e, em cima, coloca as três latas.

○ Depois, traça uma linha no chão, a partir da qual se realizará o lançamento das bolas que serão atiradas às latas.

○ Um grupo se posiciona atrás da linha marcada e o responsável entrega três bolas a cada criança.

○ Ao comando do educador, lançam as bolas tentando bater nas latas e derrubá-las.

Vamos testar nossa pontaria!

○ Depois, as crianças dessa equipe colocam novamente as latas que tiverem caído em cima do banco, recolhem as bolas e entregam-nas ao grupo seguinte.

○ Ganha a equipe que conseguir acertar em todas as latas.

69

66. Rastejando

Número de participantes: *Ilimitado.*

Material necessário: *Mesas e cadeiras.*

Espaço: *Amplo.*

Objetivos didáticos: *Trabalhar o domínio do espaço em diferentes posições e direções por intermédio da combinação de objetos e da experimentação com o corpo.*

- Colocam-se as mesas no espaço de jogo formando zigue-zague.
- Os participantes, um a um, rastejam por debaixo das mesas.
- Em seguida, retiram as mesas e colocam as cadeiras, também em zigue-zague.
- Novamente, uma a uma, as crianças rastejam por debaixo das cadeiras.

Sem derrubar nenhum objeto!

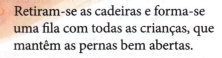

- Retiram-se as cadeiras e forma-se uma fila com todas as crianças, que mantêm as pernas bem abertas.
- O último da fila passa arrastando-se por debaixo das pernas abertas dos companheiros e posiciona-se na primeira posição; em seguida, passa a próxima criança.
- O jogo acaba quando todas as crianças passarem por debaixo da fila.

70

A contrassenha

Número de participantes: *Ilimitado.*

Espaço: *Amplo.*

Objetivos didáticos: *Por intermédio da organização espacial, trabalhar os conceitos de "diante", "dentro" e "detrás".*

- Duas crianças se posicionam uma em frente à outra e unem as mãos, com os braços esticados para cima.

- As outras formam uma fila, umas atrás das outras, e preparam-se para passar por debaixo dos braços das duas crianças que formam uma ponte.

- Ao passar por debaixo da ponte, no momento mais inesperado, a dupla baixa os braços e agarra uma das crianças.

- Esta tem de responder à pergunta: "Que cor você prefere, branco ou preto?", sem que as outras crianças ouçam a resposta.

- Conforme a opção escolhida, ela se posiciona atrás de uma ou outra das crianças que formam a ponte e que representam uma das opções.

Uma atrás da outra!

- O jogo acaba quando todas as crianças tiverem sido apanhadas e se colocarem atrás da resposta escolhida.

- Ganha a opção que tiver tido mais adeptos.

68. A mesa serve para tudo

Número de participantes: *Ilimitado.*

Material necessário: *Mesas, cadeiras, lápis de cor e outros objetos de uso escolar.*

Espaço: *Amplo.*

Objetivos didáticos: *Trabalhar os conceitos espaciais de "em cima" e "embaixo" a partir da coordenação de objetos e da experimentação com o próprio corpo.*

- Cada criança senta-se diante de uma mesa e no chão há uma caixa com diversos objetos.
- Todas estão atentas às indicações do educador.
- Primeiro, as crianças colocam as mãos em cima da mesa.
- Depois, pegam o lápis vermelho e deixam-no em cima da mesa, e o azul embaixo da cadeira.
- E assim sucessivamente vão trabalhando com os diversos objetos contidos na caixa, colocando-os em cima ou embaixo.
- Acaba o jogo quando todas as crianças se escondem embaixo das mesas.

Que não apareça nem um cabelo!

O centro imaginário

Número de participantes: *Ilimitado.*

Material necessário: *Um espelho grande e adesivos de diferentes cores.*

Espaço: *Amplo.*

Objetivos didáticos: *Desenvolver a observação e a noção espacial de "centro" no âmbito perceptivo.*

- O educador distribui entre as crianças os adesivos coloridos.
- Os participantes se posicionam diante do espelho e observam o seu corpo.
- Ao comando do responsável, realizam as ações que este lhes indica.
- Olhando-se no espelho, procuram o centro de diferentes partes do corpo e colam um adesivo nesse centro.

Os adesivos devem ser de diferentes cores!

- Primeiro, procuram o centro do rosto. Depois, o centro da barriga.
- E assim sucessivamente, até que consigam assinalar todas as partes do corpo.
- O jogo acaba com a observação de como cada criança achou o centro das diferentes partes do seu corpo.

70. Ar/mar/terra

Número de participantes: Ilimitado.

Material necessário: Fita adesiva e três tipos de som gravados: vento forte, ondas do mar e galope de animais.

Espaço: Amplo.

Objetivos didáticos: Trabalhar o conceito de "centro espacial" dentro de uma limitação a partir da organização espacial e da percepção auditiva.

- O educador, com a fita adesiva, divide o espaço de jogo em três partes. Um extremo corresponderá ao ar, o centro ao mar e o outro extremo à terra.

- As crianças, sentadas no chão, escutam as três gravações, cada uma das quais correspondente a uma das três divisões: ar, mar e terra.

- Se soa o galope de animais, rapidamente passam para o espaço da terra e iniciam uma corrida rápida.

- Quando escutam o som do vento, passam para o outro espaço e fingem que voam.

- O jogo finaliza quando o educador realizar um bom número de mudanças de sons.

- Ao comando do responsável, os participantes se posicionam na parte central, que corresponde ao mar.

- Então ouvem as ondas do mar e fingem que nadam ao compasso da música.

Têm de seguir a música!

74

Roda e lança

Número de participantes: *Formam-se pares.*

Material necessário: *Uma bola média para cada participante.*

Espaço: *Exterior.*

Objetivos didáticos: *Trabalhar a agilidade e o lançamento a partir dos conceitos espaciais de "em cima" e "embaixo".*

- O educador entrega uma bola a cada criança.
- Depois, formam-se os pares, que se dispersam pelo espaço do jogo.
- As crianças de cada par se posicionam uma em frente à outra a cerca de 2m de distância.
- Ao comando do responsável, lançam as bolas entre elas; mas uma lança-a pelo ar e, a outra, pelo chão.
- É preciso que cada criança agarre a bola lançada pelo seu par.

Não deixem a bola escapar!

- Em seguida, trocam os papéis: a criança que lançou a bola pelo ar lança-a agora pelo chão, e vice-versa.
- Finaliza o jogo quando todos os pares realizarem as mesmas ações.

72. Esponja inquieta

Número de participantes: *Ilimitado.*

Material necessário: *Uma esponja redonda.*

Espaço: *Exterior.*

Objetivos didáticos: *Favorecer a descoberta de diferentes direções a partir do manuseamento de objetos. Trabalhar o movimento, o lançamento e a receção de objetos móveis.*

- Organiza-se um grande círculo com todas as crianças de mãos dadas, menos uma, que se coloca no centro com uma esponja na mão.
- Ao comando do educador, a criança lança a esponja ao ar.
- O círculo desfaz-se e todos tentam apanhar a esponja.

   Rápido, apanhem a esponja!

- O que consegue apanhá-la finge que lava o corpo e se posiciona no centro. Então, volta-se a formar o círculo à sua volta.
- A criança lança a esponja, mas agora ao chão. Todos os outros correm para apanhá-la, até que um consegue.
- E o jogo continua com as crianças lançando a esponja ao ar e ao chão, até todos cumprirem a sua vez de lançar a esponja.

Cola inseparável

73

Número de participantes: *Formam-se pares.*

Espaço: *Amplo.*

Objetivos didáticos: *A partir do movimento corporal e da coordenação grupal, trabalhar os conceitos espaciais de "junto" e "separado".*

- Os participantes organizam-se aos pares e se posicionam num dos lados do espaço de jogo.

- É preciso que os pares andem juntos de um extremo ao outro da área: primeiro, com as mãos dadas; e depois, ao regressarem, um em frente ao outro, muito perto, tocando-se com as pontas dos narizes.

- Em seguida, devem voltar ao outro extremo juntando as palmas das mãos.

- E, por último, devem regressar juntos, costas com costas.

Todos colados como siameses!

- Para finalizar, devem tentar sentar-se no chão sem separar as costas.

77

74. Que par de siameses!

Número de participantes: *Formam-se pares.*

Material necessário: *Cordas ou lenços.*

Objetivos didáticos: *Trabalhar o domínio do espaço e da coordenação corporal e dinâmica.*

- Formam-se pares, que se posicionam num extremo do espaço de jogo.
- O educador ata com um lenço ou uma corda uma perna de cada criança.
- Ao comando do responsável, os pares andam até o outro extremo da área, como se fossem siameses.
- Se um par cai, deverá recomeçar.
- Ganha o par que chegar primeiro.

Cuidado, sem cair!

Busca, busca!

Número de participantes: *Ilimitado.*

Material necessário: *Lenços para vendar os olhos de cada um dos participantes.*

Espaço: *Amplo.*

Objetivos didáticos: *Trabalhar o domínio do espaço a partir dos conceitos espaciais de "junto" e "separado", e o movimento com percepção visual limitada.*

- Os participantes dispersam-se pelo espaço de jogo, tentando manter certa distância entre si.
- O educador venda os olhos das crianças, uma a uma, assegurando-se de que não veem nada.
- Ao comando do responsável, começam a caminhar lentamente, apalpando com as mãos na escuridão.

Procurem algum companheiro na escuridão!

- No momento em que a criança toca a outra, ambas dão as mãos e, juntas, continuam à procura de mais participantes.
- Acaba o jogo quando se consegue que todos se juntem e formem uma grande corrente.

Sketch
O céu estrelado

Começa o espetáculo!

As crianças distribuem-se pelas personagens da obra: o Sol, a Lua e as Estrelas. O Sol leva uma túnica de papel alaranjada, um arco de cabelo com raios e uma caixa pintada de cor alaranjada com um sol desenhado. A Lua veste uma túnica de papel amarelo, um turbante na cabeça e uma caixa amarela com o desenho de uma lua. E as Estrelas levam túnicas azuis, arcos de cabelo e caixas de cor azul com estrelas desenhadas. Todos têm maquiagem púrpura no rosto.

O Sol se posiciona no centro do espaço de jogo, dentro de uma caixa. A alguma distância, situa-se a Lua, também escondida na sua caixa. As Estrelas formam um semicírculo à volta dos dois astros e também se escondem nas caixas.

Quando se ouve a música, o Sol sai da sua caixa e, caminhando, dá uma volta em torno dela. A Lua repete a mesma ação e, em seguida, fazem-no as Estrelas, uma a uma. Depois, estas se dispersam pelo espaço, andando nas pontas dos pés e balançando os braços ao ritmo da música. Quando a música para, todas as personagens da obra saúdam o público.

Quadro de idades

Jogo	Página	3 anos	4 anos	5 anos	6 anos
O detetive	10				O
Animais selvagens	11	O			
Que desordem!	12	O			
A minhoca quilométrica	13			O	
O pequeno quadrado	14		O		
Chega o outono	15			O	
Mistura de cores	16				O
Reunião de gatos	17	O			
A colina movediça	17		O		
Caixa de balões	18	O			
O regador	19				O
Noite fugaz	20				
Um grito fenomenal	21	O			
Sacos saltitantes	22			O	
O tapete	23		O		
O ponto móvel	24				O
Dançando!	25			O	
O parque	26				O
A troca	27	O			
O tubarão	28			O	
Outra vez...!	29				O
Meninos de papel	30		O		
Raízes	31	O			
Dispersão	31				O
O céu falso	32	O			
O espantalho	33			O	
Rolinhos	34				
Guia de cego	35				O
Os arquitetos	36				O
O ímã	37	O			
Bum!	38		O		
O jogo dos quatro cantinhos	39				O
Bolas com asas	40			O	
Silêncio!	41	O			
Pés brancos	42		O		
Dentro/fora	44			O	
Um fantasma!	45		O		
Água e areia	46	O			
Apanhado!	47			O	

Jogo	Página	3 anos	4 anos	5 anos	6 anos
Gigante minguante	48				O
Saltar linhas	49			O	
O medidor	50				O
O salto da rã	51			O	
A pequena voz	51	O			
Completo	52		O		
A mangueira louca	53			O	
O comilão	54				O
O museu de cera	55			O	
Que grande diferença!	56	O			
Saltando a barreira	57				O
Um forte abraço	58			O	
As crianças gigantes	59		O		
Balões saltitantes	60		O		
Arcos movediços	60		O		
Estradas perigosas	61		O		
Bandeirinhas atrevidas	62	O			
Tapete raiado	63			O	
Estica!	64	O			
Tocados!	65	O			
O palito	65			O	
Um, dois, três	66	O			
Ao som do pandeiro	67				O
A bolsinha de areia	68			O	
O torpedo	69	O			
Bolada na lata	69				O
Rastejando	70	O			
A contrassenha	71				O
A mesa serve para tudo	72			O	
O centro imaginário	73		O		
Ar/mar/terra	74				O
Roda e lança	75			O	
Esponja inquieta	76		O		
Cola inseparável	77	O			
Que par de siameses!	78			O	
Busca, busca!	79				O

As idades indicadas neste quadro são meramente orientadoras. O educador poderá adequar cada jogo segundo a maturidade e a preparação dos participantes.

CULTURAL
Administração
Antropologia
Biografias
Comunicação
Dinâmicas e Jogos
Ecologia e Meio Ambiente
Educação e Pedagogia
Filosofia
História
Letras e Literatura
Obras de referência
Política
Psicologia
Saúde e Nutrição
Serviço Social e Trabalho
Sociologia

CATEQUÉTICO PASTORAL
Catequese
Geral
Crisma
Primeira Eucaristia

Pastoral
Geral
Sacramental
Familiar
Social
Ensino Religioso Escolar

TEOLÓGICO ESPIRITUAL
Biografias
Devocionários
Espiritualidade e Mística
Espiritualidade Mariana
Franciscanismo
Autoconhecimento
Liturgia
Obras de referência
Sagrada Escritura e Livros Apócrifos

Teologia
Bíblica
Histórica
Prática
Sistemática

REVISTAS
Concilium
Estudos Bíblicos
Grande Sinal
REB (Revista Eclesiástica Brasileira)
SEDOC (Serviço de Documentação)

VOZES NOBILIS
Uma linha editorial especial, com importantes autores, alto valor agregado e qualidade superior.

VOZES DE BOLSO
Obras clássicas de Ciências Humanas em formato de bolso.

PRODUTOS SAZONAIS
Folhinha do Sagrado Coração de Jesus
Calendário de mesa do Sagrado Coração de Jesus
Agenda do Sagrado Coração de Jesus
Almanaque Santo Antônio
Agendinha
Diário Vozes
Meditações para o dia a dia
Encontro diário com Deus
Guia Litúrgico

CADASTRE-SE
www.vozes.com.br

EDITORA VOZES LTDA.
Rua Frei Luís, 100 – Centro – Cep 25689-900 – Petrópolis, RJ
Tel.: (24) 2233-9000 – Fax: (24) 2231-4676 – E-mail: vendas@vozes.com.br

UNIDADES NO BRASIL: Belo Horizonte, MG – Brasília, DF – Campinas, SP – Cuiabá, MT
Curitiba, PR – Fortaleza, CE – Goiânia, GO – Juiz de Fora, MG
Manaus, AM – Petrópolis, RJ – Porto Alegre, RS – Recife, PE – Rio de Janeiro, RJ
Salvador, BA – São Paulo, SP